"L'INDISPENSABLE"

de Droit Administratif, Pénal, Civil, de Commerce

Par Xavier d'ALCYONI

SOMMAIRE

- Automobiles
- Actes — Obligations
- Animanx domestiques
- Ambulances
- Affiches (Offres et Demandes d'Emplois)
- Aliénés
- Armes prohibées
- Assistance judiciaire
- Bannes
- Bicyclettes
- Caisses à fleurs — Cages
- Casier judiciaire
- Chiens
- Certificats de vie
- Constat d'adultère
- Dettes de jeu et de pari
- Divorce — Causes
- Domestiques — Droits
- Employés — Droits
- Effets laissés en gage
- Enveloppes de Denrées Alimentaires
- Etrangers (Loi sur les)
- Locations ordinaires
- Locations en meublé
- Loteries
- Objets per us
- Objets tro vés
- Passeport
- Permis de chasse
- Recherches (Parents disparus)
- Recherches pour cause Accidents supposés
- Responsabilités
- Tapis (Secouage de)
- Testaments — Formes
- Voie publique
- Voituriers — Responsabilité
- Vols dans hôtels

Prix : 0 fr. 15 centimes

“L'INDISPENSABLE”

Droit Administratif, Pénal, Civil, de Commerce

Automobiles. — Les arrondissements minéralogiques auxquels se rapportent les lettres et numéros des automobiles sont :

Alais A, Arras, R, Bordeaux, B, Châlon-sur-Saône, C, Chambéry, H, Clermont-Ferrand, F, Douai D, Le Mans, L, Marseille M, Nancy, N, Poitiers P, Rouen, Y ou Z, Saint-Etienne, S, Toulouse, T, Paris, E, G, I, U, X, (*Décret 10 Septembre 1901*).

Actes, Obligations. — L'art. 1315 du Code civil ordonne à celui qui réclame l'exécution d'une obligation de le prouver, et à celui qui se prétend libéré de le justifier.

A cet effet, la loi offre des moyens de preuve ou de justification qui sont : les actes authentiques, ou notariés, les actes sous-seing privé et la preuve par témoins.

La preuve testimoniale n'est point admise en justice, se le montant de l'obligation ou de la dette dépasse la somme de 150 francs (art. 1341).

Animaux domestiques. — Il est interdit d'élever à Paris des animaux domestiques, de basse-cour ou autres, sans autorisation.

Les chiens et chats dont le nombre serait une cause de trouble ou contraire à l'hygiène pour le voisinage, peuvent être l'objet d'une mesure spéciale.

La demande d'autorisation est adressée sur timbre à o fr. 60 à M. le Préfet de Police. (*Lettre non affranchie*). (*Ord. Police 25 Août 1880*).

Ambulances. — Pour obtenir une voiture d'Ambulance pour le transport des malades et blessés dans les hôpitaux, il suffit de la réclamer par téléphone ou s'adresser au poste de police *et non au commissariat,* muni d'une note émanant d'un médecin.

Affiches, Offres et demandes d'emplois.— Les affiches manuscrites concernant les offres et demandes d'emplois sont exonérées du timbre. (*Loi 26 Juillet 1893*).

Aliénés. — Placement volontaire.

Toute personne atteinte d'aliénation mentale peut-être admise, à titre de placement volontaire, dans un asile public du département de la Seine, si elle est en possession du domicile de secours dans ce département et si elle est de nationalité française.

La demande d'admission peut être formée par les parents, tuteurs, curateurs, amis ou par le maire de l'Arrondissement ou de la commune.

La demande devra être accompagnée.

1° D'un certificat de médecin constatant l'état mental de la personne à placer et indiquant les particularités de la maladie ainsi que la nécessité de faire traiter la dite personne dans un établissement d'aliénés. Ce certificat qui aura moins de 15 jours de date, sera établi sur timbre à o fr. 60 et légalisé par le commissaire du quartier où habite le médecin. Le signataire du certificat ne doit pas être attaché à l'asile, ni être parent ou allié du Directeur de l'asile ou de la personne qui demande le placement.

2° Des pièces constatant l'identité de la personne à placer: bulletin de naissance, de mariage, livret de famille, (etc.).

3° Des quittances de loyer remontant à plus d'une année, ou à défaut d'un certificat de résidence établi, sur l'attestation de deux témoins patentés, par le commissaire de police du quartier du malade, à l'exclusion de certificats délivrés par les propriétaires ou concierges.

Aux termes de la Loi du 15 juillet 1893 le domicile de secours s'acquiert:

1° Par une résidence habituelle d'un an dans une commune postérieurement à la majorité ou à l'émancipation.

2° Par la filialion. L'enfant a le domicile de secours de son père; si la mère a survécu, il aura le domicile de la mère.

3° Par le mariage. La femme du jour de son mariage acquiert le domicile de secours de son mari.

En cas d'urgence, s'adresser au commissaire de police qui provoquera le placement d'office. (*Asile Sainte-Anne N° 1, rue Cabanis*).

Armes prohibées. — On entend par armes prohibées toutes armes secrètes ou cachées, pouvant servir d'arme offensive, pénétrante, tranchante ou contondante; tels que, couteaux à crans d'arrêt, en forme de poignard, revolvers de poche, pistolets, cannes, parapluies et bâtons à épée ou garnis à l'un ou l'autre bout d'une armature en fer, acier, plomb; coups de poing américains avec ou sans pointes, os de mouton, (etc.).

Une circulaire du 14 Avril 1859, née d'une entente entre les ministres de la Guerre, des Finances, et de l'Intérieur du 29 Juin 1858, déclara prohibés les revolvers mesurant moins de 150 millimètres. Mais aujourd'hui, cette manière de voir n'est plus observée par la jurisprudence. La moralité de l'individu porteur d'une arme, ainsi que les circonstances de l'arrestation sont deux facteurs qui font considérer l'arme prohibée ou non.

L'art. 314 du Code Pénal punit de 16 à 200 francs d'amende le port d'arme prohibée.

Il n'est point accordé de permis de port d'arme.

Assistance judiciaire. — *Loi du 22 Janvier 1851.* Pour obtenir le bénéfice de l'Assistance Judiciaire, adresser la demande au Procureur de la République en indiquant sommairement le motif et en joignant: 1° Un certificat de non imposition délivré par le percepteur; 2° Un certificat d'indigence délivré par le Maire. (*Lettre non affranchie*).

Bannes. — Les bannes destinées à protéger les boutiques ne doivent, dans leur partie la plus basse, avoir moins de 2 m. 50 d'élévation au-dessus du sol. (*Ord. Police 25 Juillet 1862*).

Bicyclettes. — Les cycles doivent être munis: 1° d'une plaque gravée indiquant le nom, prénom et le domicile du propriétaire.

2° d'une plaque de contrôle qui se trouve dans les bureaux de tabac au prix de trois francs. (*Loi du 30 Janvier 1907*).

Ces plaques doivent être placées sur le tube de direction.

Les cycles doivent en outre, être pourvus d'un appareil avertisseur dont le son puisse être entendu à une distance de 50 mètrès.

Dès la chute du jour ils seront munis à l'avant d'une lanterne allumée.

(*Art. 387, Ord. Police, 14 Juillet 1900*).

Caisses à fleurs. Cages. — Il est défendu de placer des caisses à fleurs, pots, cages, etc., sur le bord des fenêtres donnant sur la voie publique; il est également interdit de les placer en saillie sur les murs de face bordant la voie publique, de quelque manière qu'ils soient attachés. (*Ord. Police, 25 Juillet 1862*).

Casier judiciaire. — Pour obtenir son casier judiciaire, il suffit de s'adresser au Procureur de la République de l'arrondissement du lieu de sa naissance, en indiquant ses nom, prénoms, lieu et date de naissance, ainsi que les noms et prénoms de ses père et mère. Joindre à la demande un mandat-poste de 1 fr. 35 au nom du greffier du Tribunal.

Pour les personnes qui ne sont pas nées en France, s'adresser au Ministère de la Justice. (Casier central).

Chiens. — Tout chien circulant sur la voie publique doit porter un collier muni d'une plaque gravée indiquant le nom, prénom et l'adresse du propriétaire.

Les chiens errants sont saisis et conduits en fourrière. Ils sont conservés pendant trois jours s'ils sont porteurs d'un collier avec l'adresse du propriétaire. S'ils sont sans collier et inconnus, ils sont abattus sans délai. (*Décret du 22 Juin 1882*).

L'ordonnance de police du 30 Mars 1892, prescrit que les chiens doivent en outre, être muselés ou tenus en laisse.

Certificats de vie. — *Légalisation.* — Les certificats de vie sont délivrés par les maires et les notaires — selon les cas —.

Les commissaires de police n'ont pas qualité pour délivrer ces certificats, ni faire les légalisations de pièces. Ils ne peuvent que certifier matériellement les signatures de particuliers et dans quelques cas seulement.

Les légalisations sont faites par les maires (*Loi des 6, 27 Mars 1791. Décret, 21 Août 1806 et ord. royale 6 Juin 1839*).

Les rentiers viagers et pensionnaires de l'Etat qui, pour cause de maladie ou infirmité ne peuvent se rendre chez le notaire pour obtenir le certificat de vie, se feront délivrer par le maire de leur commune une attestation constatant leur existence, leur maladie ou infirmité. Sur le vu de cette pièce les notaires sont autorisés à délivrer le certificat de vie. (*Décret 23 Septembre 1806*).

Constat d'adultère. — Le Code Pénal en matière d'adultère prévoit : 1° Pour le mari, l'*entretien de concubine* au domicile conjugal, *art. 337.*

2° Pour la femme, l'adultère en tous temps et en tous lieux, *art. 339.*

Pour obtenir le constat, s'adresser au Procureur de la République en fournissant tous renseignements et photographie.

Il ressort de ces articles, que l'adultère proprement dit du mari n'est pas un délit, et par conséquent n'est pas punissable.

Il n'en est pas de même pour la femme dont l'adultère est toujours un délit.

Mais si l'adultère du mari n'est pas un délit, il n'en est pas moins une cause péremptoire de divorce.

Pour obtenir dans ce cas, la preuve de l'adultère

de l'homme ou de la femme, point n'est besoin de s'adresser à la justice dont les formalités indispensables sont presque toujours une cause de non réussite. Il suffit de le faire constater par témoins.

Dettes de jeu et de pari. — La loi n'accorde aucune action pour une dette de jeu ou pour le paiement d'un pari. (*Art. 1965 du Code civil*).

Sont exceptés de cette disposition, les jeux qui tiennent à l'adresse ou à l'exercice du corps, tels que courses à pied ou à cheval, jeux des armes, jeu de paume. Néanmoins si la somme paraît excessive le Tribunal peut rejeter la demande. (*Art. 1966 du Code civil*).

Divorces. — Le divorce ne peut être demandé que pour des causes déterminées, à savoir : 1° Adultère de la femme et adultère du mari. (*Art. 229 et 230 du Code civil*).

2° Pour excès, sévices ou injures graves. (*Art. 231*).

3° Condamnation d'un conjoint à une peine afflictive ou infamante. (*Art. 232*).

— En dehors de l'adultère proprement dit, les privautés coupables, les actes licencieux commis par l'un des époux ne suffisent pas par eux-mêmes pour faire prononcer le divorce.

On entend par *excès,* les attentats portés par l'un des époux à la vie de l'autre, ou mettant sa vie en danger.

Les *sévices* sont des actes de cruauté, de méchanceté, de brutalité qui, sans porter atteinte à la vie de l'époux qui en est victime, lui rendent la vie commune insupportable.

Les *injures graves* peuvent résulter soit de paroles, d'écrits et tous actes matériels et même d'*bostentions*, par lesquels l'un des époux attente à l'honneur et à la considération de l'autre ou lui témoigne des sentiments de haine, d'aversion ou de mépris. (*Demolombe t. 4, n. 383 — Aubry et Rau t. 5, p. 175 et 176*).

Peuvent être considérés comme injures graves des faits même antérieurs au mariage, que l'époux coupable avait jusqu'alors dissimulés à son conjoint et qui sont de nature à porter une profonde atteinte à la considération de l'un et de l'autre. (*Demolombe, t. 4, n. 392*).

Tel serait le fait qu'au moment de la célébration du mariage, la femme aurait été enceinte d'un autre que de son mari, auquel elle aurait dissimulé sa grossesse; tel serait encore le fait par la femme d'être inscrite sur les livres de police comme fille publique et l'avoir caché à son mari.

Le mari se rend coupable d'injure grave envers sa femme, lorsque dans le but de cesser avec elle toute cohabitation, il l'abandonne en l'autorisant à choisir un autre domicile.

Le refus par le mari de recevoir sa femme au domicile conjugal, peut constituer ou ne pas constituer une injure grave suivant les circonstances. (*Demolombe — Aubry et Rau, t. 5, p. 176*).

Le refus de cohabitation ne saurait être considéré comme injure grave, lorsque la dignité et la sécurité de la femme ne sont point assurés au domicile du mari; par exemple lorsque ce domicile est le même que celui de ses père et mère et qu'il est établi que les contrariétés de toute espèce auxquelles la femme était journellement en butte, lui rendaient cette habitation commune intolérable.

Les paroles injurieuses ne sont considérées comme injures graves, que si elles sont l'expression d'un sentiment mauvais, réfléchi, permanent, rendant la vie commune insupportable, mais non lorsqu'elles ne sont que l'expression d'une violence passagère.

En général, les excès, sévices ou injures graves ne peuvent entraîner le divorce que s'ils constituent des agissements multiples et répétés. (*Dalloz*).

La loi s'en remet à l'appréciation du juge pour déterminer les excès, sévices ou injures graves, qui peuvent constituer des causes de divorce. (*Cass. 2 Juin 1890*).

La demande en divorce est adressée au Président du Tr. civ

Domestiques. — Les différends entre patrons et domestiques ressortent de la compétence du juge de Paix.

Les patrons doivent prévenir leurs domestiques 8 jours avant de les congédier, et les domestiques doivent prévenir 8 jours avant de cesser leur service.

Si ces délais ne sont pas observés : 1° par le patron, il est dû 8 jours de gage aux domestiques ; 2° par les domestiques, le patron peut retenir 8 jours de gages. Il n'est point dû d'indemnité pour nourriture, logement (etc.).

Employés. — Les différends entre patrons et employés, ressortent de la compétence des Prud'hommes. Il est d'usage que l'employé au mois ou à la semaine, qui quitte son patron doit le prévenir un mois ou une semaine à l'avance, et le patron doit prévenir l'employé un mois ou une semaine avant de le congédier (selon le cas), faute de quoi il est dû 1 mois ou une semaine de salaire. Dans le premier mois ou la première semaine, l'employé ou le patron peuvent se libérer sans préavis. Le conseil des Prud'hommes reste néanmoins libre d'accorder un laps de temps plus long ou une indemnité plus élevée selon les cas et les circonstances.

Effets laissés en gage. — Les effets mobiliers apportés par le voyageur ayant logé chez un aubergiste, hôtelier, et par lui laissés en gage pour sûreté de dette, ou abandonnés au moment de son départ, peuvent être vendus 6 mois après le départ du voyageur. (*Loi du 31 Mars 1896*). Une requête à cet effet est présentée au Juge de Paix.

Enveloppes de denrées alimentaires. — Il est interdit de se servir, en aucun cas de papiers maculés ou salis pour envelopper des denrées alimentaires.

Les imprimés, vieux journaux, brochures, manuscrits, pourront être employés pour envelopper les légumes secs, racines et tubercules, à la condition qu'ils ne soient pas maculés ou salis.

Les papiers neufs soit blanc, soit paille, non maculés et non tachés, doivent seuls être employés pour envelopper les substances alimentaires humides : viandes au détail de toute nature, pâtisserie, confiserie, beurres, fromages, graisses, légumes cuits ou trempés, légumes en tranches, poissons, (etc), (*Ord. Police 24 Juillet 1902*).

Etrangers. — (*Loi 8 Août 1893*). — Tout étranger arrivant en France pour y exercer une profession, un commerce ou une industrie, doit faire à la Mairie, une déclaration de résidence en justifiant de son identité et de son domicile, dans les huit jours de son arrivée. Est soumis à la même obligation l'étranger qui n'exerce aucune profession, commerce, ni industrie. (*Décret 2 Octobre 1888*).

Il doit, en cas de changement de domicile, faire viser son certificat dans un délai de deux jours.

Il est délivré un certificat d'immatriculation dont le coût est de 2 fr. 55.

L'infraction à la loi est punie de 50 à 200 francs d'amende.

Toute personne qui, sciemment, occupe un étranger non muni de son certificat de déclaration est passible de peines de simple police, (*1 à 15 fr. d'amende*).

Pour le département de la Seine, les déclarations sont reçues à la Préfecture de Police, (*Arrêté du 23 Août 1893*).

Locations. — Les congés doivent être donnés dans les délais fixés par l'usage des lieux, art. 1736 du Code civil. A Paris les délais sont de six mois pour une boutique ou une maison entière; de trois mois pour les logements d'un loyer annuel de 401 fr., et au-dessus et de six semaines pour ceux de 400 fr. et au-dessous; enfin, pour les maisons garnies, de la moitié de la période pour laquelle la location est faite. Pour tous renseignements relatifs aux locations le Juge de Paix est seul compétent.

Location en meublé. — Les demandes de location d'appartements, logements et chambres meublés doivent être, avant la location, adressées à la Préfecture de Police.

L'autorisation n'est accordée que si les appartements, logements et chambres réunissent les conditions de salubrité et d'hygiène exigées. (*Ord. Police 19 Octobre 1908*).

Loteries. — Les loteries de toute espèce sont prohibées.

Sont exceptées de cette disposition les loteries d'objets mobiliers exclusivement destinés à des actes de bienfaisance ou à l'encouragement des arts, lorsqu'elles auront été autorisées à Paris et le département de la Seine par le Préfet de Police, et par les Préfets dans les autres départements sur la proposition des maires. (*Loi du 21 Mai 1836 et Ordonnance 29 Mai 1844*).

Objets perdus. — Ecrire à Monsieur le Préfet de Police (*sans affranchir*). Indiquer la date, l'heure, le lieu de la perte, ainsi que la désignation détaillée de l'objet. Pour les animaux s'adresser à la Fourrière, 19, rue de Pontoise.

— Le propriétaire d'une chose volée ou perdue peut pendant 3 ans la revendiquer. (*Art. 2279, Code civil*).

Si le possesseur actuel de la chose volée ou perdue l'a achetée dans une foire, un marché, une vente publique, ou d'un marchand vendant des choses pareilles, le propriétaire ne peut se la faire rendre qu'en remboursant au possesseur le prix qu'elle lui a coûté. (*Art. 2280*).

L'art. 11 titre 2 de la Loi du 6 Octobre 1791 dit que celui qui achètera des bestiaux hors des foires et marchés sera tenu de les restituer au propriétaire en l'état où ils se trouveront, dans le cas où ils auraient été volés.

Objets trouvés. — Les déposer dans un commissariat: de préférence dans le quartier où ils ont été trouvés. Un reçu en est délivré. Les objets non réclamés sont rendus aux inventeurs dans un délai de 3 mois, 6 mois ou un an selon que ces objets sont plus ou moins périssables. Néanmoins pendant 3 ans le propriétaire de la chose trouvée peut la revendiquer, *Art. 2279 du Code civil.*

Passeport. — La femme mariée ne peut obtenir un passeport pour l'étranger sans l'autorisation de son mari; les enfants mineurs sans l'autorisation paternelle ou des tuteurs.

S'adresser au commissaire de Police, accompagné de deux témoins patentés, ou offrant des garanties d'honorabilité, et demander un certificat pour l'obtention du passeport. Se munir de pièces d'identité.

Quiconque prendra dans un passeport ou dans un permis de chasse un nom supposé, ou aura concouru comme témoin à faire délivrer le passeport sous le nom supposé, ainsi que celui qui fera usage d'un passeport ou d'un permis de chasse délivré sous un nom autre que le sien, sera puni de 3 mois à un an de prison.

Une peine de 6 mois à 3 ans de prison est édictée contre celui qui fabriquera, ou qui falsifiera un passeport ou un permis de chasse, ou qui fera usage d'un passeport ou permis de chasse fabriqué ou falsifié. (*Art. 154 et 153 du Code Pénal*).

Permis de chasse. — Pour obtenir un permis de chasse, se présenter avec des pièces d'identité au commissariat de son quartier, accompagné de 2 témoins patentés ou présentant des garanties d'honorabilité.

Une demande sur timbre à 0 fr. 60 est adressée à M. le Préfet de Police. La signature du demandeur sera légalisée. Le coût du permis est de 28 fr.

Recherches dans l'intérêt des familles. — S'adresser à M. le Préfet de Police pour le département de la Seine et au Ministre de l'Intérieur pour les départements. (*Lettre non affranchie*).

Recherches pour cause d'accidents supposés sur la voie publique. — S'adresser soit dans un poste de police, soit au commissariat. Si la personne n'est point retrouvée, se rendre : 1° à la Permanence de la Préfecture de police, 3, quai de l'Horloge, 2° à l'Assistance publique, avenue Victoria, 3, *qui reçoit chaque jour les entrées dans les hôpitaux*, 3° A la Morgue.

En cas de recherches infructueuses se rendre au

commissariat de son quartier où l'on prendra les mesures qui seront jugées utiles.

Responsabilité. — Tout fait quelconque de l'homme, qui cause à autrui un dommage oblige celui par la faute duquel il est arrivé, à le réparer. (*Art. 1382, Code civil*).

Chacun est responsable du dommage qu'il a causé non seulement par son fait, mais encore par sa négligence ou par son imprudence. (*Art. 1383*).

On est responsable non seulement du dommage que l'on cause par son propre fait, mais encore de celui qui est causé par le fait des personnes dont on doit répondre, ou des choses que l'on a sous sa garde.

Le père,et la mère après le décès du mari, sont responsables du dommage causé par leurs enfants mineurs habitant avec eux;

Les maîtres et les commettants, du dommage causé par leurs domestiques et préposés dans les fonctions auxquelles ils les ont employés;

Les instituteurs et les artisans, du dommage causé par leurs élèves et apprentis pendant qu'ils sont sous leur surveillance. La responsabilité ci-dessus a lieu à moins que les père et mère, instituteurs et artisans ne prouvent qu'ils n'ont pu empêcher le fait qui donne lieu à cette responsabilité. (*Art. 1384*).

Le propriétaire d'un animal ou celui qui s'en sert, pendant qu'il est à son usage, est responsable du dommage que l'animal a causé, soit que l'animal fût sous sa garde, soit qu'il fût égaré ou échappé. (*Art. 1385*).

Le propriétaire d'un bâtiment est responsable du dommage causé par sa ruine, lorsqu'elle est arrivée par une suite de défaut d'entretien ou par le vice de sa construction. (*Art. 1386*).

Tapis. — *Ordonnance de Police du 22 Juin 1904.* Il est toléré de secouer des tapis sur la voie publique du 1er avril au 30 septembre jusqu'à 8 h. du matin et du 1er octobre au 31 mars jusqu'à 9 heures.

Testaments. — Un testament peut être fait soit sous la forme olographe, soit par acte public, soit dans la forme mystique.

Le testament olographe pour être valable doit être écrit en entier, daté et signé de la main du testateur.

La date doit comprendre l'année, le mois et le jour de sa confection.

Le testament par acte public est reçu par deux notaires et deux témoins, ou un notaire et quatre témoins.

Le testament mystique ou secret devra être signé de la main du testateur, qu'il soit ou non écrit par lui.

Le papier qui contiendra les dispositions sera clos et scellé et sera remis à un notaire en présence de six témoins.

Le testateur déclarera que le contenu en ce papier est son testament écrit et signé par lui, ou écrit par un autre et signé de lui. (*Art. 969 et suivants Code civil*).

Voie publique. — Il est interdit à toute personne de jeter, de déposer ou d'abandonner sur un point quelconque de la voie publique des pelures d'oranges et de bananes, des épluchures et résidus de fruits et de légumes, et d'une façon générale tous débris ou détritus de denrées alimentaires susceptibles de provoquer des chutes. (*Ordonnance de Police du 26 décembre 1908*).

Voituriers. — Le commissionnaire qui se charge d'un transport par terre ou par eau est garant de l'arrivée des marchandises ou effets dans le délai déterminé par la lettre de voiture, hors le cas de force majeure.

Il est garant des avaries ou pertes de marchandises et effets, s'il n'y a stipulation contraire dans la lettre de voiture ou force majeure. Il est garant des faits du commissionnaire intermédiaire auquel il adresse les marchandises. (*Art. 97, 98, 99, Code de Commerce*).

— Le voiturier est garant de la perte des objets à transporter, hors le cas de force majeure. Il est garant des avaries autres que celles qui proviennent du vice propre de la chose ou de la force majeure.

La réception des objets transportés et le paiement de la lettre de voiture éteignent toute action contre le voiturier pour avarie ou perte partielle, si, dans les trois jours, non compris les jours fériés, qui suivent celui de la réception ou de ce paiement, le destinataire n'a pas notifié au voiturier par acte extra-judiciaire ou par lettre recommandée, sa protestation motivée. (*Art. 105 du Code de Commerce et Loi du 11 Avril 1888*).

Vols. — Les htôeliers aubergistes sont responsables du vol ou du dommage des effets du voyageur qui loge chez eux. (*Art. 1953, Code civil*).

Cette responsabilité est limitée à 1.000 francs pour les espèces monnayées et les valeurs ou titres au porteur de toute nature non déposées réellement entre les mains de l'hôtelier ou de l'aubergiste. (*Loi du 18 Avril 1889*). Ils ne sont pas responsables des vols faits avec force armée ou autre force majeure. (*Art. 1954, Code civil*).

12-7-09—IMP. BOUDHY & CIE, 11, RUE HÉLÈNE (XVIIIME)

www.ingramcontent.com/pod-product-compliance
Lightning Source LLC
LaVergne TN
LVHW010337230826
846091LV00009B/3912

* 9 7 8 2 0 1 1 9 0 5 4 8 2 *